AF369645

EUGÈNE-ANDRÉ OUDINÉ

(1810-1887)

NOTICE

SUR

EUGÈNE-ANDRÉ OUDINÉ

SCULPTEUR
ET GRAVEUR EN MÉDAILLES

PAR

Auguste **FLANDRIN**

BIBLIOTHÉCAIRE AU DÉPARTEMENT DES ESTAMPES
DE LA BIBLIOTHÈQUE NATIONALE

***

PARIS

TYPOGRAPHIE DE E. PLON, NOURRIT ET Cⁱᵉ

RUE GARANCIÈRE, 8

1888

NOTICE

sur

EUGÈNE-ANDRÉ OUDINÉ

Le 12 avril 1887 mourait à Paris Eugène-André Oudiné, sculpteur et graveur en médailles, dont le nom restera justement honoré dans l'histoire de l'art contemporain. En annonçant cette douloureuse nouvelle, on a eu soin de rappeler ses meilleurs ouvrages et les principales dates de cette vie si bien remplie ; je voudrais cependant ajouter quelque chose à ces éloges et rendre hommage, moi aussi, pour ma part, à ce véritable caractère d'artiste, à cette âme noble et élevée, à ce cœur si chaud et si dévoué à ses amis.

Oudiné naquit à Paris, le 1er janvier 1810. Sa vocation artistique se décida de bonne heure : élève de Galle pour la gravure et de Petitot pour la sculpture, il fit de rapides progrès, puisque, en 1831, âgé seulement de vingt et un ans, il remportait le premier grand prix. Le sujet de la médaille était *OEdipe et le Sphinx*. Guidé, dès ses débuts dans la carrière, par deux maîtres éminents, Oudiné eut, en outre, le bonheur de voir arriver à Rome Ingres, qui venait d'être nommé directeur de l'Académie de France, en remplacement d'Horace Vernet. Parmi tous ses camarades, il fut certainement un de ceux qui profitèrent le plus des leçons du grand artiste : ses conseils, si bien faits pour soutenir, encourager et stimuler les jeunes pensionnaires, firent sur lui une impression profonde et, sous leur influence, son talent se développa de la manière la plus heureuse. Aussi, pour lui, jusqu'à la fin de sa vie, Ingres sera-t-il toujours le maître, le maître par excellence ; c'est sous l'empire de cette pensée qu'il voudra plusieurs fois reproduire ses traits et que, à la fin de sa carrière, il lui érigera, comme un dernier témoignage de respectueuse reconnaissance, la statue placée aujourd'hui dans une des galeries du musée de Versailles. Oudiné pouvait, à juste titre, se dire élève d'Ingres ; il était bien de son école par la noblesse et la grandeur de la conception, par la pureté du dessin et de la forme.

A l'Académie, le jeune graveur se lia d'une manière plus étroite avec quelques-uns de ses camarades, notamment avec Ambroise Thomas et avec les deux frères Flandrin. Ce fut Hippolyte qui fit pour la villa Médicis le portrait d'Oudiné ; plus tard, ce fut Oudiné qui fit revivre dans le marbre les traits de Flandrin, enlevé par une mort prématurée [1]. Citons encore, parmi ses meilleurs amis, Simart, Victor Baltard, etc... Les relations formées à Rome se continuèrent à Paris. La société du *Disque*, composée des pensionnaires d'une période de dix années environ (1828 à 1838),

[1] M. le vicomte H. Delaborde avait bien raison de lui dédier le volume dans lequel il a recueilli les lettres et pensées du peintre de Saint-Vincent de Paul et de Saint-Germain des Prés. L'amitié qui unissait les deux artistes était, en effet, presque fraternelle : aussi, quelle fut la douleur d'Oudiné quand il perdit son cher Hippolyte !

avait son diner mensuel où l'on était heureux de se retrou-
ver et d'évoquer les souvenirs de la villa Médicis. Oudiné
était un des plus exacts à ces réunions ; dans les derniers
temps, il avait même succédé à l'architecte Clerget comme
secrétaire de la société. D'autres fois, on se rencontrait
chez quelque ancien camarade : on causait de Rome, on
revoyait ensemble les croquis et les albums, on se rappelait
les promenades, les voyages, les épisodes de toute sorte.
Parmi tous les souvenirs de ces années trop vite écoulées,
un des meilleurs pour Oudiné était certainement celui
du voyage qu'il fit avec les frères Flandrin pendant l'été
de 1835 : durant plus de deux mois, ils visitèrent l'Ombrie
et la Toscane, s'arrêtant à Viterbe, Orvieto, Sienne, Flo-
rence, Pérouse, Assise, etc... On voyageait à pied, le sac
au dos, et, le plus souvent, les grandes marches se faisaient
le matin ou le soir pour éviter la chaleur. Quels n'étaient
pas l'admiration et l'enthousiasme des jeunes artistes en
présence de cette belle nature ou des chefs-d'œuvre qu'on
rencontre partout dans cette partie de l'Italie ! Au retour,
on se remettait à l'œuvre avec plus d'ardeur : Oudiné, en
particulier, prouvait de plus en plus par ses travaux qu'il
savait profiter des leçons de l'antiquité et des exemples
des grands maitres. Pour son envoi réglementaire de première année, il faisait une excellente copie de la médaille
de Syracuse, un des types les plus nobles et les plus élevés
que la Grèce nous ait laissés. Il demandait aussi, et avec
raison, des modèles à notre art national, quand il s'attachait
à reproduire la belle médaille de Brûlart de Sillery, par
Dupré. N'oublions ni sa médaille de Raphaël, d'après le portrait peint par le maitre, ni celle de Masaccio. Citons encore,

parmi ses œuvres exécutées à Rome, le bas-relief représentant le *Choléra* et la figure du *Gladiateur blessé*, qui, après avoir reçu à Rome les éloges d'Ingres, fut très-appréciée à Paris et valut à son auteur une médaille de deuxième classe (Salon de 1837). C'était la première fois qu'il exposait, et il débutait par un succès; mais alors, et depuis un an déjà (dès le commencement de 1836), il était rentré en France. Ambroise Thomas l'y avait précédé; quant aux deux frères Flandrin, ils étaient restés à Rome, et la séparation dura encore deux ans. Dans les lettres qu'Oudiné écrivait à ces deux si chers amis, il leur parlait des travaux qui lui étaient confiés : les commandes, en effet, ne s'étaient pas fait attendre. Il leur annonçait aussi son prochain mariage avec la fille du peintre Vauthier, la petite-fille de son maître André Galle. Cette union, contractée au mois d'août 1837, comblait les vœux du jeune artiste : dès lors, le travail, la famille, l'amitié se partagent sa vie. C'est le moment de parler de ses œuvres en le considérant d'abord comme graveur.

On lui doit un grand nombre de médailles : sans vouloir en faire ici une trop longue énumération, il convient pourtant de rappeler quelques-unes de celles qui ont été le plus justement remarquées. Pour en dresser la liste, le mieux est de suivre l'ordre chronologique des événements contemporains; le plus souvent, en effet, il s'agissait, pour l'artiste, de perpétuer le souvenir de quelque fait mémorable ou de quelque grande date historique. D'abord, en 1836, c'est la médaille de l'*Amnistie :* d'un côté, la *Clémence royale* arrête le cours de la *Justice ;* de l'autre, le portrait du Roi. Il l'exposait au Salon de 1839 et il obtenait une première médaille. Une colonne commémorative venait d'être érigée au lieu où Napoléon avait établi le camp de Boulogne : Oudiné fut chargé de graver la médaille qui fut frappée à cette occasion. En 1842, il avait à reproduire les traits du duc d'Orléans, victime d'un affreux accident ; il le représentait d'abord de face, d'après Ingres, puis, une seconde fois, de profil, d'après le buste de Pradier. A peu près à la même époque, il gravait la médaille de Dumont d'Urville, mort dans la catastrophe du chemin de fer de l'Ouest ; le revers représente le monument érigé à l'amiral au cimetière Montparnasse, sur les dessins de Constant Dufeux, ancien pensionnaire de l'Académie de France et camarade d'Oudiné. Nous arrivons à l'année 1848 : un concours ayant été ouvert pour l'exécution d'une médaille commémorative de l'établissement de la République, le prix est décerné au jeune artiste, déjà, depuis 1844, attaché comme graveur à l'administration du Timbre. De même, également à la suite d'un concours, chargé de donner un modèle pour les monnaies du nouveau gouvernement, il créait le type si connu qui sert encore aujourd'hui. On a plaisanté, fort innocemment du reste, à ce sujet ; on n'a peut-être pas assez remarqué que l'œuvre est belle et que, si elle est répandue dans le monde entier, elle en est vraiment digne. Quelques années plus tard, Oudiné avait à faire la médaille commémorative de l'érection du tombeau de l'Empereur aux Invalides : là encore, il voyait son nom associé à celui d'un de ses plus chers amis, au nom de Simart, qui nous était enlevé bientôt après dans la pleine maturité de son grand talent. Ingres venait de peindre pour l'hôtel de ville de Paris l'*Apothéose de Napoléon* : heu-

reux et fier d'avoir à reproduire en bronze un des chefs-
d'œuvre de son maître, Oudiné nous a laissé une médaille
qui est certainement une de ses meilleures. A peu près à la
même époque, le succès de nos troupes à Inkermann lui
inspirait une composition pleine de force et de grandeur.
Quelques années après, nous trouvons les médailles qui
furent frappées à l'occasion des préliminaires de paix de Vil-
lafranca et de l'annexion de la Savoie et du comté de Nice.
Mais surtout il ne faut pas omettre de citer celle qui était
destinée à rappeler le souvenir du plébiscite de 1870.
Oudiné avait à peine eu le temps d'achever son travail quand
l'Empire vint à tomber; il n'en a donc été tiré qu'un petit nombre d'exemplaires. Aussi cette œuvre est-elle malheureusement peu connue : elle fait grand honneur à l'artiste par la
noblesse de la pensée et la fermeté de l'exécution. L'idée
d'associer à l'image du père celle de son jeune fils a quelque chose de touchant, et elle a été très-heureusement
rendue.

Nous venons de rappeler quelques dates de notre histoire
contemporaine, mais il est bien d'autres faits qui marque-
ront dans le domaine religieux, scientifique, industriel,
artistique, et dont Oudiné, par son burin, a contribué à
perpétuer la mémoire. Bornons-nous à citer.

Notre-Dame de Paris, après de longs travaux de restaura-
tion, était enfin rendue tout entière à la piété des fidèles
et à l'admiration des artistes. Oudiné compose alors cette
belle médaille dans laquelle, entre les deux tours massives
de la vieille basilique, se détache la gracieuse figure de la
Vierge portant l'Enfant Jésus. Deux autres médailles rap-
pellent l'ouverture de la cathédrale d'Alger, ancienne

mosquée devenue le premier temple de notre nouvelle
colonie, et le commencement des travaux de la cathédrale
de Marseille. Enfin, Oudiné a gravé un souvenir de première
communion qui a été répandu à un très-grand nombre
d'exemplaires.

Dans un autre ordre d'idées, il a été chargé de faire la
médaille commémorative lors de l'inauguration du chemin
de fer qui relie Paris à l'Espagne ; il est également l'auteur
de celles qui ont été frappées en souvenir de l'invention de
la photographie, de la construction de la Bourse de Marseille et du percement de la rue de Noailles dans
la même ville. En 1878, l'Exposition universelle est pour
lui l'occasion d'une de ses dernières œuvres, qui est aussi
une de ses meilleures. Nous donnerons les mêmes éloges à
sa *Minerve* assise avec cette inscription : *Au progrès des
connaissances humaines*. Le type de Cérès a été plusieurs
fois reproduit par Oudiné, notamment sur une médaille
destinée aux lauréats des concours agricoles. Nous en
citerons encore qui lui ont été commandées par des corps
constitués ou des associations, tels que le corps municipal
de Paris, la Société centrale des Architectes, etc... On lui
doit aussi plusieurs jetons de présence, entre autres celui
de la commission des Beaux-Arts de la ville de Paris.

Quant aux médailles frappées en mémoire de person-
nages célèbres à divers titres, elles sont également très-nom-
breuses. En suivant l'ordre chronologique, nous trouvons
celles de Cambacérès, de Galle et de H. Vernet, celle du
général Boinod, hommage rendu à sa mémoire par l'inten-
dance militaire, celles de Berthollet, de M. Lacave-Laplagne,
ministre des finances, le médaillon du maréchal Bugeaud

et celui des trois de Jussieu. Nous devons citer tout parti-
culièrement la médaille du prince Napoléon et celle de
M. Thiers, au moment où il quitta la présidence, toutes
deux exécutées d'après nature. Il existe aussi de lui un
autre excellent portrait de M. Thiers, d'un plus grand
module. J.-B. Say, Cherubini, Chaptal, Pleyel, M. Mathieu,
à l'occasion de sa cinquantaine de membre de l'Institut,
d'autres encore ont été gravés par le laborieux artiste. Que
serait-ce si nous voulions dresser la liste des médaillons
dans lesquels il se plaisait à reproduire les traits de ses
proches, de ses amis? Ils forment une galerie plus intime;
mais, là encore, que d'œuvres excellentes où il mettait
tout son cœur! Nous l'avons vu ainsi, sur la fin de sa carrière, modeler les portraits d'Ingres, son maitre, de
H. Flandrin, dont la mort lui avait porté un coup si sensible, puis ceux de deux autres amis bien chers aussi, Ambroise Thomas et Paul Flandrin. Pour plusieurs de ces
images inspirées par le respect, la reconnaissance ou
l'amitié, l'artiste, non content d'un simple plâtre, a voulu
encore les exécuter en bronze.

Rappelons aussi qu'Oudiné avait exposé au Salon de
1876 les esquisses de deux médailles : l'une devait perpétuer la mémoire des services rendus par les aéronautes
pendant le siège de Paris, l'autre devait être frappée en
souvenir du passage de Vénus devant le soleil. Elles sont
restées à l'état de projets en plâtre; il en est de même de
la médaille de l'œuvre des Femmes de France, de celle
qu'il avait composée en mémoire des travaux de la Commission internationale du mètre, etc...

Après ce trop rapide coup d'œil sur l'œuvre d'Oudiné,

graveur, œuvre considérable qui suffirait pour remplir une longue carrière, nous avons à le considérer comme sculpteur. Nous l'avons vu s'initier en même temps, sous la direction de Galle et de Petitot, à la pratique de ces deux arts. Ne sont-ils pas, en effet, intimement liés l'un à l'autre? Ne procèdent-ils pas d'un même principe et le médailleur ne commence-t-il pas forcément par sculpter en relief, dans la terre ou la cire, l'effigie qu'il gravera ensuite en creux dans le métal? Aussi, sans parler des vivants dont les noms sont présents à l'esprit de tous, serait-il bien facile de citer des artistes qui se sont distingués à ce double titre. A l'exemple de ces glorieux devanciers, Oudiné, d'abord et surtout graveur, a été aussi un sculpteur de mérite. Son talent s'est révélé de bonne heure : n'est-ce pas, en effet, avec son *Gladiateur blessé* qu'il a remporté son premier succès, en 1837, à son retour d'Italie? De Rome encore il avait envoyé deux bas-reliefs, *Ulysse et Circé*, et le *Choléra*, sujet qu'il grava ensuite sur acier. Quelques années plus tard, c'étaient encore deux œuvres de sculpture, la *Charité* (musée du Puy) et *Psyché* (musée du Havre), qui lui valaient de nouvelles récompenses. Il prend part à chacune de nos Expositions, soit avec un travail destiné à une église, soit avec l'image en pied ou le buste de quelque personnage célèbre, ou de l'un de ses parents et amis. Ainsi, à l'Exposition de 1842, nous trouvons la *Vierge et l'Enfant Jésus* qui sont maintenant à Tournemire (Aveyron). Le caractère élevé de cette composition est très-bien exprimé dans ces quelques lignes extraites d'un compte rendu du Salon : « Pour qui sait aimer l'idéal dans la beauté, la *Vierge et l'Enfant Jésus* de

M. Oudiné est une œuvre supérieure. Rien qui, au premier abord, saisisse vivement l'attention, si ce n'est cette beauté placide, cette perfection rare et discrète que l'artiste ne peut se lasser d'admirer... » C'est ici le lieu de citer, et avec éloges, les autres statues de la Vierge dues au ciseau de notre artiste : celle de Saint-Gervais, église où il a sculpté également les quatre Évangélistes; celle de Saint-Eustache, au portail latéral du midi; celle de Saint-Ambroise : ici, la figure est assise, dans une attitude pleine de grandeur et de sérénité. Revenons au Salon de 1842, où nous trouvons la statue du général Espagne, aujourd'hui à l'hôtel des Invalides. En 1843, la *Charité* obtenait une première médaille; en 1848, avec la statue de la reine Berthe, destinée au jardin du Luxembourg, il exposait sa *Psyché*. Ce marbre figurait de nouveau, avec plusieurs autres de ses ouvrages, à l'Exposition universelle de 1855. C'était son principal titre à la médaille de 2ᵉ classe qui lui fut décernée par le jury. L'artiste avait dès lors conquis un rang honorable parmi ses contemporains, et il était souvent appelé à concourir à la décoration des monuments publics. C'est ainsi qu'il était chargé, pour l'hôtel du Timbre, de trois bas-reliefs représentant la *Loi*, la *Sécurité* et la *Justice;* au-dessus des portes de la nouvelle église de Sainte-Clotilde il avait à faire, d'un côté, le *Martyre de sainte Valère;* de l'autre, le *Baptême de Clovis*. Pour le nouveau Louvre, il exécutait la statue de Buffon; pour l'ancienne cour du même palais, une *Bethsabée;* pour celle des Tuileries, plusieurs figures en pierre. La statue de saint Landry, sur la tour de la place Saint-Germain-l'Auxerrois, est également de lui. En 1864, il achevait un important travail, quatorze bas-reliefs commandés par la ville de Paris pour la salle des séances du Conseil municipal ; cette œuvre de grand mérite a malheureusement péri dans l'incendie de 1871, comme tant d'autres dues à nos artistes contemporains ; il n'en resterait plus que le souvenir si Oudiné n'en eût conservé, dans son atelier, les esquisses moulées en plâtre. En 1867, nous le voyons faire, pour la Bibliothèque nationale, treize médaillons représentant les poëtes illustres de l'antiquité ; ils complètent heureusement, avec les beaux paysages d'Alexandre Desgoffe, la décoration de cette salle à coupoles qui est d'un si grand effet. Nous ne prétendons pas faire ici l'énumération de tous les travaux exécutés par Oudiné pour nos édifices publics ; il ne faudrait pas oublier cependant deux statues, deux de ses dernières œuvres, celle d'Horace Vernet et celle d'Ingres. La première, d'abord modelée en plâtre sans avoir de destination spéciale, a été acquise pour être placée à l'hôtel de ville de Paris ; la seconde est au musée de Versailles, où, du reste, l'artiste était déjà représenté par une figure du roi Louis VIII.

Si nous passons maintenant aux bustes ou autres travaux de sculpture d'une moindre importance, que d'œuvres de talent nous aurons encore à signaler ! Mais il faut nous borner à en citer seulement quelques-unes. En 1841, Oudiné avait exposé le buste (aujourd'hui à l'Institut) du graveur Galle, son maître, dont il était, par son mariage, devenu le petit-fils. En 1843, nous trouvons celui de M. Lacave-Laplagne, ministre des finances ; plus tard, ceux de M. de Boissieu, du docteur Fizeau, de Dupin aîné pour le Sénat, du duc de Richelieu, celui de son ami Ambroise

Thomas. Quand il s'est agi d'élever un monument à la mémoire de H. Flandrin, Oudiné était tout naturellement désigné pour faire le buste de celui qui avait été son meilleur et son plus intime ami. Lui confier cette tâche, c'était répondre à ses plus chers désirs : aussi a-t-il produit une œuvre qui restera comme le véritable portrait du peintre. Il lui en a été demandé plusieurs répétitions, notamment pour le cimetière du Père-Lachaise et pour l'Institut. Quant aux membres de sa famille, il n'en est presque aucun dont il n'ait sculpté ou gravé l'image. Enfin, en 1878, il exposait son propre buste en bronze. Ce fut un des derniers Salons auxquels il ait pris part : il touchait, en effet, au terme de sa carrière. Elle avait été noblement remplie par le travail et féconde en œuvres de mérite : honoré des suffrages de ses confrères aux Expositions, distingué par le gouvernement de son pays qui lui confiait de nombreux travaux et lui donnait, en 1857, la croix de la Légion d'honneur, entouré d'une excellente famille et de vieux et fidèles amis, Oudiné avait été longtemps heureux. Un jour vint, cependant, où le deuil entra dans sa maison : la perte de sa seconde fille fut pour lui un coup dont il ne se releva jamais ; l'affection de ses autres enfants, celle d'un gendre qui était pour lui un véritable fils, purent seules, avec le labeur assidu auquel il se donna plus que jamais, apporter quelque adoucissement à sa douleur. D'ailleurs, le temps des séparations était arrivé : Flandrin lui avait été enlevé avant l'âge ; chaque année il voyait disparaître quelqu'un de ses anciens camarades de Rome, et sa chère société du *Disque*, réduite à quatre ou cinq membres, ne se réunissait plus. Enfin, au mois de février 1881, les

salons de la rue de Lille, véritable point de ralliement pour
les artistes pendant près d'un demi-siècle, se fermaient à
la mort de M. Gatteaux, cet homme excellent, cet amateur
au goût si sûr et si éclairé. Comme tant d'autres, Oudiné
avait ressenti, à ses débuts et dans le cours de sa carrière,
les effets de son bienveillant patronage ; on sait quels
étaient, pour le vénérable vieillard, sa reconnaissance et
son respectueux attachement. Aussi eût-il été heureux et
fier d'occuper le siège laissé vacant par lui à l'Académie des
Beaux-Arts. Ne pouvait-il pas légitimement espérer de l'ob-
tenir comme le couronnement de sa carrière ? Il se présenta
donc et, pendant quelques jours, il se crut assuré du succès. Cependant, il ne fut pas élu : la déception fut cruelle ;
ses proches et ses plus intimes amis savent combien elle
lui fut sensible. Sa santé, d'ailleurs, commençait à s'alté-
rer, et il changeait visiblement, lui qui avait paru si longtemps jeune malgré les années. Le travail lui devint bientôt très-difficile, presque impossible. Et cependant, d'une
main mal assurée, il modelait encore ; nous avons vu, dans
son atelier, sa dernière ébauche en terre, une figure cou-
chée représentant Cléopâtre, sujet qu'il méditait depuis
longtemps. Ses forces l'abandonnaient de jour en jour ; au
mois d'avril 1887, le mal dont il était atteint s'aggravait
tout à coup et l'enlevait en quelques heures à l'affection
de sa famille et de ses amis. Puissé-je avoir rappelé fidèle-
ment leurs souvenirs et n'avoir pas été un interprète trop
imparfait de leurs regrets !

PARIS. TYPOGRAPHIE DE E. PLON, NOURRIT ET Cie

Rue Garancière, 8.

PARIS

TYPOGRAPHIE DE E. PLON, NOURRIT ET Cie

Rue Garancière, 8.